MCEVOY EDUCATIONAL PUZZLES

EXTRA LARGE PRINT

SUDOKU

100 Standard Puzzles

Volume 2

Copyright Notice

Copyright Notice

Copyright © 2017 by Mcevoy Educational Puzzles

Contents

Beginners Guide

In our classic Sudoku puzzles, the grid is 9 squares wide and 9 squares deep. The lines of squares running horizontally are called rows, and the lines running vertically are called columns. The grid is further divided by the thicker lines into nine 3 X 3 square boxes.

To help you on your way, some of the boxes have already been filled in. The aim of the puzzle is to fill the blank squares with the correct numbers. Each row, column and box must end up containing all of the numbers from 1 to 9. Each number can only appear once in a row, column or box.

Column

ROW

2			9	7	5		1	
6	1						7	
			8		1		9	3
4		5	2					
					3	6		9
1	5		3		9			
	8						2	5
	4		6	5	8			7

3 x 3 Square or Box

Sudoku #1

		3						
		7						4
			1				6	
1	5							
6								2
					4			3
			7		2			
				4	3			
9							1	

Sudoku #2

							7	
				9			4	5
6	2				1			
		3			2	8		
4		5						
	8			7		6		
				4				
3								

Sudoku #3

	9							2
		1		5			3	
				1				
	2				9		7	
				8			5	
8	6							
		5						
		3						
					2			6

Sudoku #4

					7		6	
	5							
8					4			
			5					
		7			6			
1							9	8
	6	2					7	
			8	1				3

Sudoku #5

			5			7	3	
		5	4	9	7			
4		6						
			1		6			3
6	3					8	1	
		2	3	4				
9	4		6					
						3		9
			9	7	2			6

Sudoku #6

		6		7	3			4
1	4		6			9		
							5	
		1	2			5	7	9
8				9		2		
9					1			
		2	8			6	4	5
	8				7			2
3					2			

Sudoku #7

		2						
4						3		
6			4			1		
2			1			4		
5						2	8	
		9		7				
				8		9		
3			2			6	5	
		1	3	4		8		

Sudoku #8

9	5		7					
				2	8			4
		8		3				
			6			7		
			5			6	9	
		2						8
6			9					

Sudoku #9

			7		5			6
								2
	8		1		6	5	3	
	5	1		3				
			9			4		3
		4				8		
								9
8	7	3						
					2	1		

Sudoku #10

2					8	4		
	7		3				2	
4		5				3		
		1						
5		3						
	9	7			4	6		5
							3	
1				8			4	
			1					7

Sudoku #11

					5		7	
	3		8					6
4						5		
			6	2		8		
		4			1	7		
8	7			9				
		6	7		8			
	9	1					2	
5				1			4	

13

Sudoku #12

3								6
7			5	8		1		
	8						3	
								4
		6		4		7		8
				6	9		1	
								5
9	2	7			8		4	

Sudoku #13

5		6				9		2
7				6		4		
			9		7			
4	3					1	9	
1	5					2	3	
				2				
8				5		7		
			6		9			
9		4				6		8

Sudoku #14

		5	2					
				4		8		
		6						
4								
8	7				9			
			6				1	
9				8				
							6	1
						3	2	

Sudoku #15

5						6		
			8					
			9		3			4
	3							8
	9							
				6		7		
6								2
			4					9
7		1						

Sudoku #16

			6	3	5			
5	4	2						
2	9		3			8	5	
					2		4	
7		8		4		2		1
		5		6	3		1	2
4							9	
	6		2		7	5		4

Sudoku #17

		9		7				4
			6		5		7	
			2					
5								
				4				1
6						2		
		1		2				
		4						
			8			6		

Sudoku #18

5				7		4		
		4	1				9	
7						5		
			9			8		
			3					
				2				1
	9						3	
8				5				

Sudoku #19

			2			3	1	
6					9	5	7	4
		4				8		9
		1	6		5			
	3					2		
4				8			9	
				6		4		
5		9	1					
	8				4			2

21

Sudoku #20

8	5						6		
			1	3				4
	9		8		6			
		4					3	2
					9	8	1	
		3		4				

Sudoku #21

		9						2
		5		1			6	
1							5	9
		8			5			
						3		4
2				8	4			7
		7	6		9			
9			2		7		4	6

Sudoku #22

	1	9						
			8					
			5		4			2
							7	
				6		9	1	
5		8						
				1				
			9				6	
4								5

Sudoku #23

		6		3				
4	7			1			2	
1							5	
			9	4			1	8
		4	7					
	8		3					
3				8				1
			5					6
9	6						8	

Sudoku #24

					7			
	5				6			
		9				1	4	
		1						
3		4						
			8		5			6
	7							5
					9			
			3	4				

Sudoku #25

					6	8		
						4		
3			1					
			3					
		4						
1			7	5			2	
							7	3
		6			8			
		9			4			

Sudoku #26

					5	1		
8				2				
						4		
			8		4			
7								2
							3	8
		5						
				6				7
	1	4			9			

Sudoku #27

	3						5	
		6	2		4			
			9					
								9
	7							
5	8			7				
		9	6					4
						8	7	
		2						

Sudoku #28

	1	3				5		
		5	2				3	
		6	3	7	5		2	
				9	3		5	7
5				1			6	3
3				5				
			5			3		
	3	1						5
	5	9		3				8

Sudoku #29

		5						
8			6				4	
		7			2			
		3				5		
1			4					
						2		
4			8				1	
					5	7		
6								

Sudoku #30

							1	
6	4		7					
							9	
	2					7		5
				8				
	5				9			
			2					6
8	1							
9		3						

Sudoku #31

3	7				8			
2				1				
		8						1
	9			5	6		7	
	8				7	5		
		5		2			4	
					2			6
				6			9	5
1						2		

Sudoku #32

						8	7	9
	8				4		1	
		5		8		4		
	6	9	4				8	1
	3	7	8			6	9	
1				5	6	2	3	
8				2	7	9		6

Sudoku #33

7						8	5	
	8				3			
				8			3	4
				4	2	6		
	4	7	6	9			2	
			3				4	
8	5							3
2		6	5		4		7	
		3					1	

Sudoku #34

	8						1	
5			3					
				6				
		5		1	8		6	
				4				
9		3						
			7			9		5
	1							
						3		

Sudoku #35

				3				
4			9				7	6
	1			8				
			7					4
					5			
	2	3				8		
						3		
7			6					
							5	

Sudoku #36

4			3		6		2	
	7	3		2				1
						8		
		2					3	
	6						8	
	4	9		6		1		2
					7			4
2			9		4	6	5	
			1					7

Sudoku #37

						1		
4					9			
								2
			5	3			4	
			2					
6							9	
	1	2	4					
					7	6	3	
	5							

Sudoku #38

2			8					
							4	
	9						7	
		7					1	
	5		2					8
6		4			7			
				5				2
				1				3

Sudoku #39

			2		9	7		
8	4							3
	9	6						
	2	4	8		7	6		
					6	1		
				7	1			
9	7			3	8			2
	6							9

Sudoku #40

	4					1		
7					9			
						8		
	5		8					
				1			7	
		3					9	
					2			
9								1
		2	5			4		

Sudoku #41

					1			
					5			8
	4	9						
			9				4	
		7		3				
2								1
	6					3	9	
5					8			
							7	

Sudoku #42

						9		
	8	5			2	6	1	
		1	6		8	2		4
5				4				3
6	9							
			1					8
3				1			4	
	6						7	
			9	8				

Sudoku #43

			3					
		6			7	5	9	
				8		7		
							6	
8	7			2				
1								
						8		1
		2	6		9			

Sudoku #44

						4	9	
		1	6	2				
9	5		7					
4								
				6				1
3		2						6
			8		9	5		

Sudoku #45

2								9
			7					
1					5			
			4			6		
			3			7	4	
9					8			
	7							
					1			5
	4		6					

Sudoku #46

5			4			7	6	
				2				
		9		3				
					1			
	2	8						3
			7				5	
								2
						1		
7			6					

Sudoku #47

				8			6	
1			4					
		7			3		9	
					6		5	
		3						
4								7
	6				9			
								4
	8							1

Sudoku #48

								4
			1					
7	8			9			6	1
3				1	8	6		
	9		5	2				7
		5		3			8	
9		3		8		7		2
8								
		4			1			

Sudoku #49

8					4			
					6	9	5	
						3		
			9					
4								7
7			1			2		
					7			8
	5		3					
		9						

Sudoku #50

	6							
		7	5					
			9					4
					6			
		3					7	8
9			4					
				3	7	2		
1	4							9

Sudoku #51

9				1			5	
		6		4				
		4			5			1
4			6			8	3	2
		3				1		
2	1					7		
			2		3	4		
	4				9	5	2	7
				5		3		

53

Sudoku #52

			2			8		
4	6				7			
						5	3	
3		5	8					
				4				7
			5	2				
	4							
1	7							

Sudoku #53

	3			7				
						9	4	
							6	
		6			9			
				5				7
		4						
	5							8
	7			1				
		9			4		2	

Sudoku #54

		6						2
1			3	7	8			6
				5				
		9					6	
	8	4						7
4					9		1	
				8	5			
9		2	3	4	5			
5							3	

Sudoku #55

		8			1	4		5
					3		9	
			2	5				7
	8		7		5	1		
4						9		
	6						7	
		5		2	4			
2			3					
	4	7	5					3

Sudoku #56

2				8		5		4
		3	5			9		1
	7				1	8		6
			4					3
	2		7		5			
				9		4		
8	4				6			
		7						9
6						7		

Sudoku #57

5		1						7
				7	3		1	
9				4			2	6
7			1					8
	8	5	4			9		
2							7	
	9			3			6	
				1				3
	2		9		6	1		

Sudoku #58

	8					7		
		9	6					3
1			7	9	8			
		5				4		
9		1					2	5
3	4					9		7
4			8			2		
		6					8	
			9	5	4			6

Sudoku #59

		9						
				5		1	8	
		6		4				
8							5	
			6	2		4		
		7	9					
			2					6
1				3				

Sudoku #60

	3	8		9		2		4
9			3					
5		2		6				
4		5						
		3	6	4		8		
						1		3
8		6	9			4	3	
				1				9
			5			7		1

Sudoku #61

9			5					
			4					
2			9			7		6
				2				
		4						
				6	9	8		
							5	9
7	8		1					
		3						

Sudoku #62

			1		9	8		
				5		1		
		8	6			4		9
	8			4				2
	2				6			5
		7					8	
4					7			
8	1		3				9	
2			5	8				

Sudoku #63

			3			1		
9		8						
		7						
	2						9	
	1				2			
			5		8		7	
						4		
				2	9			
	6						5	3

Sudoku #64

		4						
	8	6	3					
				7			1	
		3	6					
							2	
			1				7	5
			4			8		
7				2				
						6		

Sudoku #65

7					4			
3								
					1		8	6
		6		7				
			2	3				
		1					9	
2						3		
					8		6	
								5

Sudoku #66

		3		1	9			
								2
								6
	6	2	7					
				3			9	
	5					4		
		1					3	
	4		5					
			6					

Sudoku #67

					1	6		
	8				7			
	4						5	
		6		8				
			3				4	
		7						3
		9				7		
				5				
			9	4				

Sudoku #68

			7	4				
5		2	3		1			6
	8				5	4		
				6			7	
9		6				5		4
	7			3				
		5	4		2	3		9
				5	3			
7			1				5	

Sudoku #69

7		4	6				1	9
	8	1	3					
	6			7				
							2	7
	9	8						
		7	9	3			4	
				8			5	2
			2					6
	4	3		6		7	9	

Sudoku #70

	8				2	7		
					4			5
			1					4
	9		8					
		7						6
			2			9		
4					6			
1						8		

Sudoku #71

		6					1	
				8				9
7				4				
	3					4		
	8							
		5	6			7	2	
	9							8
			7					1

Sudoku #72

	6	9						
	8				9		3	
			2					
								1
	5				6			
			4			7		2
7			1					
2								
					8		9	

Sudoku #73

	7							8
9		6	8			7		3
	5				4		1	
		9	7				6	
		1		9				2
6					2		3	
		2		6		3		
1	6		2				9	5
8						1		

Sudoku #74

					7		1	
	7							5
3		9	2	4				7
	4			5	8		2	
			4	3				6
	5			1				3
6								2
		5						
9							7	4

Sudoku #75

1								
3					8			
		9	4			5		
								8
		2	5					
7								1
		4						
		5	9			2		
					1			3

Sudoku #76

				3				
1		5						
				7	6		2	
			8			1		5
3	7							
								4
				1				8
	6						7	
			5					

Sudoku #77

	7							
	8	9			5			
					4	2		6
5					6			8
	1						9	
			7					
			9	1				
2						6		

Sudoku #78

		6	4				9	
					8			
	4	7						
		5	7					
					1	2		8
								3
2					3			
8								
			6				4	

Sudoku #79

		6			7			
								8
				9				5
	8							4
	2				6	1		
					3			
		3		4		6		
				8				
	9			5				

Sudoku #80

4	8		6				2	
2		3	7			9		
			3				8	
			2	1			3	9
					6			
	4	2	5	3				
		4		7				
3				2		4	5	
		5		6		7		2

82

Sudoku #81

2								
4								
			6		5			
				4	8		2	
		9						6
						5		
							1	
	3	5	9					
				8			4	2

Sudoku #82

	5						7	
				9	3		1	
	2							
						2		
	7					5		6
		1		4				
			2		6			
					8			
		9					3	

84

Sudoku #83

1		7			6			
2				3	9			
						6		8
	4	5	2			7		9
	3						6	
	1					2		
	2		9	4		8		7
			3					5
			5				2	

Sudoku #84

							1	
							5	
	6	2			4			
				8				
		3				9		4
		9	5					
					3	6		
	8	1						
7	5							

Sudoku #85

		8						
			3			4	5	
	9	2						
					8			9
4			6				3	
							2	
1			7			6		
							1	
				2				

Sudoku #86

	9		5		3	8		
	2						6	
							4	
6							7	
	3			2	9			
					5			
						9		
4			6					
						5		

Sudoku #87

		4						8
					6			
6				7				
3					4	5		
	7			2				9
		5				6		
		9	8	1				
							3	

Sudoku #88

					6			8
	2		1					
	3						4	
				4		2	3	
							1	
7					8			
			3				5	
6				5				
8								

Sudoku #89

1		6					4	
		9			5			
3				9		6		
			8		2			
						5		3
	1						7	
	7		5		4	3	1	
				7				8
				3	6			9

Sudoku #90

							9	4
8			1					
			8					6
3						7		
				6				5
1								
	5		3			1		
	6			4				
						2		

Sudoku #91

	5						2	
	6	8		7			5	
2			4			3		
	2		5		7	8		
			9				6	
		1			2			
		7		4		6	3	
		3				4		
	8				3			7

Sudoku #92

2								
					8		7	6
								9
			4			3		
	7	9						8
			1					
1			3			2		
	6				9			
						1		

Sudoku #93

			4	5				3
	6							
	1							
					2	1	6	
8			3					
							2	
4			2				9	
				6				
3								7

Sudoku #94

	8				6		3	1
			5				6	
				4				
5		6	7					
9								
								8
	7			8	1			
						9	5	

Sudoku #95

			6			9		2
			9	8		7		
	4						5	
5					7		8	3
	7	3			4	1		
7			2	1				
9	3			7				
		2				6		4

Sudoku #96

5					3		4	
				8				2
		1				8		
2		3	6					
	1			7		2		
			9		4	3		
		8	7					1
	4			3	2			
6	7							9

Sudoku #97

	9		2					6
		5		4				2
7					3			4
	7		8				9	
6						2		
	8		5	1	2			7
2					5	7		
5	4	8			7			3
			6				1	

Sudoku #98

			3			8		
	9		8				7	2
								1
					6			5
	8						9	
				1				
		5						
			9				3	
6		1						

Sudoku #99

								6
		7				9		5
	4				3			
					8		2	
		5						
	3			2	4			
			5					
	2						8	
		6	9					

Sudoku #100

			7					
2							4	
	6				8	7		
					3			8
		4			2	6		
		5						
	2							
			4				5	
	3							9

Solutions

Solutions

Sudoku #1

2	6	3	4	8	5	7	9	1
8	1	7	2	6	9	5	3	4
4	9	5	1	3	7	2	6	8
1	5	4	3	2	8	6	7	9
6	3	9	5	7	1	4	8	2
7	2	8	6	9	4	1	5	3
3	8	6	7	1	2	9	4	5
5	7	1	9	4	3	8	2	6
9	4	2	8	5	6	3	1	7

Sudoku #2

5	4	9	2	3	8	1	7	6
8	1	3	7	9	6	2	4	5
6	2	7	4	5	1	9	8	3
2	3	8	5	1	4	7	6	9
7	9	1	3	6	2	8	5	4
4	6	5	9	8	7	3	2	1
9	8	4	1	7	5	6	3	2
1	7	2	6	4	3	5	9	8
3	5	6	8	2	9	4	1	7

Sudoku #3

3	9	6	7	4	8	5	1	2
7	8	1	2	5	6	4	3	9
4	5	2	9	1	3	8	6	7
5	2	4	1	3	9	6	7	8
1	3	9	6	8	7	2	5	4
8	6	7	4	2	5	1	9	3
2	7	5	3	6	4	9	8	1
6	4	3	8	9	1	7	2	5
9	1	8	5	7	2	3	4	6

Sudoku #4

2	3	4	9	8	7	1	6	5
6	5	9	2	3	1	4	8	7
8	7	1	6	5	4	2	3	9
4	9	3	5	2	8	7	1	6
5	8	7	1	9	6	3	4	2
1	2	6	4	7	3	5	9	8
9	6	2	3	4	5	8	7	1
3	1	8	7	6	2	9	5	4
7	4	5	8	1	9	6	2	3

Solutions

Sudoku #5

8	2	9	5	6	1	7	3	4
3	1	5	4	9	7	6	8	2
4	7	6	2	8	3	5	9	1
7	9	8	1	5	6	4	2	3
6	3	4	7	2	9	8	1	5
1	5	2	3	4	8	9	6	7
9	4	1	6	3	5	2	7	8
2	6	7	8	1	4	3	5	9
5	8	3	9	7	2	1	4	6

Sudoku #6

5	9	6	1	7	3	8	2	4
1	4	8	6	2	5	9	3	7
2	7	3	9	4	8	1	5	6
4	3	1	2	8	6	5	7	9
8	6	5	7	9	4	2	1	3
9	2	7	3	5	1	4	6	8
7	1	2	8	3	9	6	4	5
6	8	4	5	1	7	3	9	2
3	5	9	4	6	2	7	8	1

Sudoku #7

1	3	2	8	6	9	7	4	5
4	9	8	7	1	5	3	6	2
6	7	5	4	2	3	1	9	8
2	6	3	1	5	8	4	7	9
5	1	7	9	3	4	2	8	6
8	4	9	6	7	2	5	1	3
7	2	6	5	8	1	9	3	4
3	8	4	2	9	7	6	5	1
9	5	1	3	4	6	8	2	7

Sudoku #8

8	2	4	1	9	5	3	7	6
9	5	3	7	6	4	8	2	1
1	7	6	3	2	8	9	5	4
7	6	8	2	3	9	1	4	5
5	3	9	6	4	1	7	8	2
2	4	1	5	8	7	6	9	3
3	9	2	4	7	6	5	1	8
4	1	7	8	5	3	2	6	9
6	8	5	9	1	2	4	3	7

Solutions

Sudoku #9

4	3	2	7	8	5	9	1	6
6	1	5	4	9	3	7	8	2
9	8	7	1	2	6	5	3	4
2	5	1	8	3	4	6	9	7
7	6	8	9	5	1	4	2	3
3	9	4	2	6	7	8	5	1
1	2	6	5	4	8	3	7	9
8	7	3	6	1	9	2	4	5
5	4	9	3	7	2	1	6	8

Sudoku #10

2	3	6	5	1	8	4	7	9
9	7	8	3	4	6	5	2	1
4	1	5	9	7	2	3	6	8
6	4	1	8	5	7	2	9	3
5	2	3	6	9	1	7	8	4
8	9	7	2	3	4	6	1	5
7	8	9	4	6	5	1	3	2
1	5	2	7	8	3	9	4	6
3	6	4	1	2	9	8	5	7

Sudoku #11

6	1	8	9	4	5	2	7	3
9	3	5	8	7	2	4	1	6
4	2	7	1	6	3	5	8	9
1	5	9	6	2	7	8	3	4
3	6	4	5	8	1	7	9	2
8	7	2	3	9	4	1	6	5
2	4	6	7	3	8	9	5	1
7	9	1	4	5	6	3	2	8
5	8	3	2	1	9	6	4	7

Sudoku #12

3	5	1	9	7	2	4	8	6
7	6	4	5	8	3	1	2	9
8	9	2	4	1	6	3	5	7
4	8	5	6	9	7	2	3	1
2	7	9	8	3	1	5	6	4
1	3	6	2	4	5	7	9	8
5	4	3	7	6	9	8	1	2
6	1	8	3	2	4	9	7	5
9	2	7	1	5	8	6	4	3

Solutions

Sudoku #13

5	4	6	8	1	3	9	7	2
7	8	9	2	6	5	4	1	3
3	2	1	9	4	7	8	6	5
4	3	2	5	7	8	1	9	6
1	5	8	4	9	6	2	3	7
6	9	7	3	2	1	5	8	4
8	6	3	1	5	4	7	2	9
2	7	5	6	8	9	3	4	1
9	1	4	7	3	2	6	5	8

Sudoku #14

3	8	5	2	6	7	1	9	4
2	9	7	1	4	3	8	5	6
1	4	6	8	9	5	2	7	3
4	6	3	7	1	2	5	8	9
8	7	1	4	5	9	6	3	2
5	2	9	6	3	8	4	1	7
9	1	2	3	8	6	7	4	5
7	3	8	5	2	4	9	6	1
6	5	4	9	7	1	3	2	8

Sudoku #15

5	8	3	1	4	2	6	9	7
9	7	4	8	5	6	3	2	1
1	6	2	9	7	3	5	8	4
2	3	6	7	1	4	9	5	8
4	9	7	3	8	5	2	1	6
8	1	5	2	6	9	7	4	3
6	4	9	5	3	1	8	7	2
3	5	8	4	2	7	1	6	9
7	2	1	6	9	8	4	3	5

Sudoku #16

6	3	9	8	2	4	1	7	5
8	7	1	6	3	5	4	2	9
5	4	2	7	1	9	3	6	8
2	9	4	3	7	1	8	5	6
3	1	6	5	8	2	9	4	7
7	5	8	9	4	6	2	3	1
9	8	5	4	6	3	7	1	2
4	2	7	1	5	8	6	9	3
1	6	3	2	9	7	5	8	4

Solutions

Sudoku #17

1	2	9	3	7	8	5	6	4
4	8	3	6	1	5	9	7	2
7	5	6	2	9	4	3	1	8
5	1	7	9	8	2	4	3	6
9	3	2	7	4	6	8	5	1
6	4	8	1	5	3	2	9	7
3	6	1	4	2	9	7	8	5
8	9	4	5	6	7	1	2	3
2	7	5	8	3	1	6	4	9

Sudoku #18

5	3	9	2	7	8	4	1	6
2	8	4	1	3	6	7	9	5
1	7	6	5	9	4	3	8	2
7	1	3	4	8	2	5	6	9
4	6	2	9	1	5	8	7	3
9	5	8	3	6	7	1	2	4
3	4	7	8	2	9	6	5	1
6	9	5	7	4	1	2	3	8
8	2	1	6	5	3	9	4	7

Sudoku #19

9	5	8	2	4	7	3	1	6
6	2	3	8	1	9	5	7	4
7	1	4	3	5	6	8	2	9
2	9	1	6	3	5	7	4	8
8	3	7	4	9	1	2	6	5
4	6	5	7	8	2	1	9	3
3	7	2	9	6	8	4	5	1
5	4	9	1	2	3	6	8	7
1	8	6	5	7	4	9	3	2

Sudoku #20

8	5	1	9	7	4	6	2	3
7	6	9	1	3	2	5	8	4
4	3	2	6	8	5	1	7	9
1	2	5	4	9	3	7	6	8
3	9	7	8	2	6	4	5	1
6	8	4	5	1	7	9	3	2
9	7	8	2	6	1	3	4	5
2	4	6	3	5	9	8	1	7
5	1	3	7	4	8	2	9	6

Solutions

Sudoku #21

4	6	9	5	7	8	1	3	2
3	7	5	9	1	2	4	6	8
1	8	2	4	6	3	7	5	9
7	4	8	3	9	5	6	2	1
5	9	1	7	2	6	3	8	4
2	3	6	1	8	4	5	9	7
8	5	7	6	4	9	2	1	3
9	1	3	2	5	7	8	4	6
6	2	4	8	3	1	9	7	5

Sudoku #22

8	1	9	3	2	6	7	5	4
2	5	4	8	7	1	6	3	9
6	3	7	5	9	4	1	8	2
1	9	6	2	4	8	5	7	3
3	4	2	7	6	5	9	1	8
5	7	8	1	3	9	2	4	6
9	6	5	4	1	3	8	2	7
7	8	3	9	5	2	4	6	1
4	2	1	6	8	7	3	9	5

Sudoku #23

5	2	6	8	3	9	1	4	7
4	7	3	6	1	5	8	2	9
1	9	8	2	7	4	6	5	3
6	3	5	9	4	2	7	1	8
2	1	4	7	6	8	3	9	5
7	8	9	3	5	1	4	6	2
3	5	2	4	8	6	9	7	1
8	4	1	5	9	7	2	3	6
9	6	7	1	2	3	5	8	4

Sudoku #24

8	4	3	1	2	7	5	6	9
1	5	7	4	9	6	2	8	3
6	2	9	5	8	3	1	4	7
5	6	1	9	3	4	7	2	8
3	8	4	6	7	2	9	5	1
7	9	2	8	1	5	4	3	6
4	7	8	2	6	1	3	9	5
2	3	6	7	5	9	8	1	4
9	1	5	3	4	8	6	7	2

Solutions

Sudoku #25

9	5	1	4	2	6	8	3	7
8	6	7	5	9	3	4	1	2
3	4	2	1	8	7	5	9	6
6	9	5	3	4	2	7	8	1
2	7	4	8	6	1	3	5	9
1	8	3	7	5	9	6	2	4
4	2	8	6	1	5	9	7	3
7	1	6	9	3	8	2	4	5
5	3	9	2	7	4	1	6	8

Sudoku #26

3	2	7	9	4	5	1	8	6
8	4	9	1	2	6	3	7	5
1	5	6	3	8	7	4	2	9
5	3	2	8	7	4	6	9	1
7	9	8	6	1	3	5	4	2
4	6	1	5	9	2	7	3	8
6	7	5	2	3	8	9	1	4
9	8	3	4	6	1	2	5	7
2	1	4	7	5	9	8	6	3

Sudoku #27

4	3	7	8	6	1	9	5	2
1	9	6	2	5	4	3	8	7
2	5	8	9	3	7	4	6	1
6	2	3	5	1	8	7	4	9
9	7	4	3	2	6	5	1	8
5	8	1	4	7	9	6	2	3
7	1	9	6	8	5	2	3	4
3	4	5	1	9	2	8	7	6
8	6	2	7	4	3	1	9	5

Sudoku #28

2	1	3	9	6	8	5	7	4
7	8	5	2	4	1	6	3	9
9	4	6	3	7	5	8	2	1
1	6	2	8	9	3	4	5	7
5	7	8	4	1	2	9	6	3
3	9	4	7	5	6	1	8	2
4	2	7	5	8	9	3	1	6
8	3	1	6	2	4	7	9	5
6	5	9	1	3	7	2	4	8

Solutions

Sudoku #29

3	6	5	9	8	4	1	2	7
8	1	2	6	3	7	9	4	5
9	4	7	5	1	2	6	8	3
7	8	3	2	9	1	5	6	4
1	2	6	4	5	3	8	7	9
5	9	4	7	6	8	2	3	1
4	5	9	8	7	6	3	1	2
2	3	8	1	4	5	7	9	6
6	7	1	3	2	9	4	5	8

Sudoku #30

2	9	7	8	4	5	6	1	3
6	4	1	7	9	3	2	5	8
3	8	5	6	2	1	4	9	7
1	2	9	3	6	4	7	8	5
7	3	6	5	8	2	1	4	9
4	5	8	1	7	9	3	6	2
5	7	4	2	1	8	9	3	6
8	1	2	9	3	6	5	7	4
9	6	3	4	5	7	8	2	1

Sudoku #31

3	7	1	6	9	8	4	5	2
2	4	9	3	1	5	8	6	7
5	6	8	2	7	4	9	3	1
4	9	2	8	5	6	1	7	3
6	8	3	1	4	7	5	2	9
7	1	5	9	2	3	6	4	8
9	3	4	5	8	2	7	1	6
8	2	7	4	6	1	3	9	5
1	5	6	7	3	9	2	8	4

Sudoku #32

6	4	1	2	3	5	8	7	9
7	8	2	6	9	4	3	1	5
3	9	5	7	8	1	4	6	2
4	1	8	5	6	9	7	2	3
2	6	9	4	7	3	5	8	1
5	3	7	8	1	2	6	9	4
1	7	4	9	5	6	2	3	8
8	5	3	1	2	7	9	4	6
9	2	6	3	4	8	1	5	7

Solutions

Sudoku #33

7	3	4	9	2	6	8	5	1
5	8	2	4	1	3	7	9	6
9	6	1	7	8	5	2	3	4
3	9	5	1	4	2	6	8	7
1	4	7	6	9	8	3	2	5
6	2	8	3	5	7	1	4	9
8	5	9	2	7	1	4	6	3
2	1	6	5	3	4	9	7	8
4	7	3	8	6	9	5	1	2

Sudoku #34

3	8	6	4	7	9	5	1	2
5	7	1	3	8	2	6	9	4
4	9	2	1	6	5	8	3	7
7	2	5	9	1	8	4	6	3
1	6	8	2	4	3	7	5	9
9	4	3	6	5	7	1	2	8
6	3	4	7	2	1	9	8	5
8	1	9	5	3	4	2	7	6
2	5	7	8	9	6	3	4	1

Sudoku #35

9	7	2	4	3	6	1	8	5
4	3	8	9	5	1	2	7	6
6	1	5	2	8	7	9	4	3
1	9	6	7	2	8	5	3	4
8	4	7	3	9	5	6	1	2
5	2	3	1	6	4	8	9	7
2	8	4	5	7	9	3	6	1
7	5	9	6	1	3	4	2	8
3	6	1	8	4	2	7	5	9

Sudoku #36

4	9	8	3	1	6	7	2	5
5	7	3	4	2	8	9	6	1
1	2	6	5	7	9	8	4	3
8	5	2	7	9	1	4	3	6
7	6	1	2	4	3	5	8	9
3	4	9	8	6	5	1	7	2
9	3	5	6	8	7	2	1	4
2	1	7	9	3	4	6	5	8
6	8	4	1	5	2	3	9	7

Solutions

Sudoku #37

5	6	9	3	7	2	1	8	4
4	2	8	6	1	9	3	5	7
1	7	3	8	5	4	9	6	2
2	9	1	5	3	8	7	4	6
8	4	7	2	9	6	5	1	3
6	3	5	7	4	1	2	9	8
3	1	2	4	6	5	8	7	9
9	8	4	1	2	7	6	3	5
7	5	6	9	8	3	4	2	1

Sudoku #38

2	7	1	8	4	9	3	5	6
8	6	5	7	3	1	2	4	9
4	9	3	5	6	2	8	7	1
9	2	7	6	8	3	5	1	4
3	4	8	1	9	5	6	2	7
1	5	6	2	7	4	9	3	8
6	3	4	9	2	7	1	8	5
7	1	9	3	5	8	4	6	2
5	8	2	4	1	6	7	9	3

Sudoku #39

6	5	3	2	8	9	7	4	1
8	4	7	1	6	5	9	2	3
2	1	9	7	4	3	5	6	8
5	9	6	3	1	4	2	8	7
1	2	4	8	9	7	6	3	5
7	3	8	5	2	6	1	9	4
4	8	2	9	7	1	3	5	6
9	7	5	6	3	8	4	1	2
3	6	1	4	5	2	8	7	9

Sudoku #40

2	4	8	7	3	5	1	6	9
7	3	1	6	8	9	5	4	2
5	9	6	4	2	1	8	3	7
6	5	9	8	7	3	2	1	4
8	2	4	9	1	6	3	7	5
1	7	3	2	5	4	6	9	8
4	8	7	1	6	2	9	5	3
9	6	5	3	4	8	7	2	1
3	1	2	5	9	7	4	8	6

Solutions

Sudoku #41

8	5	2	7	4	1	6	3	9
3	7	6	2	9	5	4	1	8
1	4	9	8	6	3	2	5	7
6	8	5	9	1	2	7	4	3
9	1	7	4	3	6	5	8	2
2	3	4	5	8	7	9	6	1
7	6	8	1	2	4	3	9	5
5	9	3	6	7	8	1	2	4
4	2	1	3	5	9	8	7	6

Sudoku #42

2	3	6	4	7	1	9	8	5
4	8	5	3	9	2	6	1	7
9	7	1	6	5	8	2	3	4
5	1	8	2	4	9	7	6	3
6	9	4	8	3	7	1	5	2
7	2	3	1	6	5	4	9	8
3	5	2	7	1	6	8	4	9
8	6	9	5	2	4	3	7	1
1	4	7	9	8	3	5	2	6

Sudoku #43

7	9	8	3	6	5	1	4	2
2	3	6	1	4	7	5	9	8
4	5	1	9	8	2	7	3	6
9	2	5	8	3	1	4	6	7
8	7	4	5	2	6	9	1	3
1	6	3	7	9	4	2	8	5
6	4	9	2	7	3	8	5	1
5	8	2	6	1	9	3	7	4
3	1	7	4	5	8	6	2	9

Sudoku #44

6	2	5	1	7	3	4	9	8
7	4	3	5	9	8	1	6	2
8	9	1	6	2	4	3	7	5
9	5	6	7	4	1	2	8	3
4	1	7	3	8	2	6	5	9
2	3	8	9	6	5	7	4	1
3	8	2	4	5	7	9	1	6
1	6	4	8	3	9	5	2	7
5	7	9	2	1	6	8	3	4

Solutions

Sudoku #45

2	3	7	8	6	4	5	1	9
4	5	9	7	1	3	8	2	6
1	8	6	9	2	5	4	3	7
7	1	3	4	5	2	6	9	8
8	2	5	3	9	6	7	4	1
9	6	4	1	7	8	2	5	3
3	7	2	5	8	9	1	6	4
6	9	8	2	4	1	3	7	5
5	4	1	6	3	7	9	8	2

Sudoku #46

5	3	2	4	1	9	7	6	8
4	8	7	5	2	6	3	1	9
6	1	9	8	3	7	5	2	4
3	7	5	2	4	1	9	8	6
1	2	8	9	6	5	4	7	3
9	6	4	7	8	3	2	5	1
8	5	3	1	7	4	6	9	2
2	9	6	3	5	8	1	4	7
7	4	1	6	9	2	8	3	5

Sudoku #47

3	4	5	9	8	7	1	6	2
1	9	8	4	6	2	7	3	5
6	2	7	1	5	3	4	9	8
8	1	2	7	4	6	3	5	9
9	7	3	5	2	1	8	4	6
4	5	6	3	9	8	2	1	7
7	6	4	8	1	9	5	2	3
2	3	1	6	7	5	9	8	4
5	8	9	2	3	4	6	7	1

Sudoku #48

5	3	1	8	6	2	9	7	4
4	6	9	1	5	7	2	3	8
7	8	2	4	9	3	5	6	1
3	4	7	9	1	8	6	2	5
6	9	8	5	2	4	3	1	7
1	2	5	7	3	6	4	8	9
9	1	3	6	8	5	7	4	2
8	7	6	2	4	9	1	5	3
2	5	4	3	7	1	8	9	6

Solutions

Sudoku #49

8	3	6	5	9	4	7	2	1
1	2	7	8	3	6	9	5	4
9	4	5	7	2	1	3	8	6
5	6	1	9	7	2	8	4	3
4	9	2	6	8	3	5	1	7
7	8	3	1	4	5	2	6	9
3	1	4	2	5	7	6	9	8
6	5	8	3	1	9	4	7	2
2	7	9	4	6	8	1	3	5

Sudoku #50

8	6	4	3	2	1	9	5	7
3	9	7	5	6	4	8	1	2
5	2	1	9	7	8	6	3	4
2	8	5	7	1	6	4	9	3
4	1	3	2	9	5	7	6	8
9	7	6	4	8	3	1	2	5
6	5	9	8	3	7	2	4	1
7	3	2	1	4	9	5	8	6
1	4	8	6	5	2	3	7	9

Sudoku #51

9	3	7	8	1	6	2	5	4
1	5	6	7	4	2	9	8	3
8	2	4	9	3	5	6	7	1
4	7	5	6	9	1	8	3	2
6	8	3	5	2	7	1	4	9
2	1	9	3	8	4	7	6	5
5	6	1	2	7	3	4	9	8
3	4	8	1	6	9	5	2	7
7	9	2	4	5	8	3	1	6

Sudoku #52

9	5	3	2	1	6	8	7	4
4	6	8	3	5	7	1	9	2
2	1	7	4	8	9	5	3	6
3	9	5	8	7	2	4	6	1
7	2	4	1	6	5	9	8	3
6	8	1	9	3	4	2	5	7
8	3	6	5	2	1	7	4	9
5	4	2	7	9	3	6	1	8
1	7	9	6	4	8	3	2	5

Solutions

Sudoku #53

9	3	1	4	7	6	8	5	2
8	6	7	5	2	1	9	4	3
2	4	5	3	9	8	7	6	1
7	8	6	1	4	9	2	3	5
1	9	3	6	5	2	4	8	7
5	2	4	8	3	7	6	1	9
4	5	2	9	6	3	1	7	8
6	7	8	2	1	5	3	9	4
3	1	9	7	8	4	5	2	6

Sudoku #54

7	8	6	9	4	1	3	5	2
1	2	5	3	7	8	9	4	6
9	3	4	6	5	2	7	8	1
3	1	9	8	2	7	4	6	5
5	6	8	4	1	3	2	9	7
2	4	7	5	6	9	8	1	3
4	7	3	1	8	5	6	2	9
6	9	1	2	3	4	5	7	8
8	5	2	7	9	6	1	3	4

Sudoku #55

3	2	8	9	7	1	4	6	5
7	5	6	4	8	3	2	9	1
1	9	4	2	5	6	3	8	7
9	8	2	7	4	5	1	3	6
4	7	1	6	3	8	9	5	2
5	6	3	1	9	2	8	7	4
6	3	5	8	2	4	7	1	9
2	1	9	3	6	7	5	4	8
8	4	7	5	1	9	6	2	3

Sudoku #56

2	1	6	3	8	9	5	7	4
4	8	3	5	6	7	9	2	1
5	7	9	2	4	1	8	3	6
7	6	5	4	1	8	2	9	3
9	2	4	7	3	5	1	6	8
1	3	8	6	9	2	4	5	7
8	4	2	9	7	6	3	1	5
3	5	7	1	2	4	6	8	9
6	9	1	8	5	3	7	4	2

Solutions

Sudoku #57

5	3	1	6	9	2	4	8	7
4	6	2	8	7	3	5	1	9
9	7	8	5	4	1	3	2	6
7	4	3	1	6	9	2	5	8
6	8	5	4	2	7	9	3	1
2	1	9	3	5	8	6	7	4
1	9	4	7	3	5	8	6	2
8	5	6	2	1	4	7	9	3
3	2	7	9	8	6	1	4	5

Sudoku #58

6	8	2	3	4	5	7	9	1
7	5	9	6	2	1	8	4	3
1	3	4	7	9	8	5	6	2
2	6	5	1	7	9	4	3	8
9	7	1	4	8	3	6	2	5
3	4	8	5	6	2	9	1	7
4	1	7	8	3	6	2	5	9
5	9	6	2	1	7	3	8	4
8	2	3	9	5	4	1	7	6

Sudoku #59

7	1	9	3	8	2	5	6	4
2	3	4	7	5	6	1	8	9
5	8	6	1	4	9	2	7	3
8	9	2	4	7	3	6	5	1
3	5	1	6	2	8	4	9	7
6	4	7	9	1	5	3	2	8
4	7	5	2	9	1	8	3	6
1	6	8	5	3	7	9	4	2
9	2	3	8	6	4	7	1	5

Sudoku #60

6	3	8	7	9	5	2	1	4
9	4	1	3	8	2	5	7	6
5	7	2	4	6	1	3	9	8
4	8	5	1	7	3	9	6	2
1	2	3	6	4	9	8	5	7
7	6	9	2	5	8	1	4	3
8	1	6	9	2	7	4	3	5
3	5	7	8	1	4	6	2	9
2	9	4	5	3	6	7	8	1

Solutions

Sudoku #61

9	4	8	5	7	6	2	3	1
3	7	6	4	1	2	5	9	8
2	5	1	9	3	8	7	4	6
1	3	9	8	2	4	6	7	5
8	6	4	7	5	1	9	2	3
5	2	7	3	6	9	8	1	4
4	1	2	6	8	7	3	5	9
7	8	5	1	9	3	4	6	2
6	9	3	2	4	5	1	8	7

Sudoku #62

7	6	4	1	2	9	8	5	3
3	9	2	4	5	8	1	7	6
1	5	8	6	7	3	4	2	9
6	8	1	7	4	5	9	3	2
9	2	3	8	1	6	7	4	5
5	4	7	9	3	2	6	8	1
4	3	6	2	9	7	5	1	8
8	1	5	3	6	4	2	9	7
2	7	9	5	8	1	3	6	4

Sudoku #63

6	5	2	3	9	7	1	4	8
9	4	8	1	5	6	3	2	7
1	3	7	2	8	4	9	6	5
8	2	6	7	4	3	5	9	1
7	1	5	9	6	2	8	3	4
3	9	4	5	1	8	6	7	2
2	7	1	6	3	5	4	8	9
5	8	3	4	2	9	7	1	6
4	6	9	8	7	1	2	5	3

Sudoku #64

1	7	4	9	8	5	2	6	3
2	8	6	3	1	4	7	5	9
9	3	5	2	7	6	4	1	8
5	2	3	6	9	7	1	8	4
4	1	7	5	3	8	9	2	6
6	9	8	1	4	2	3	7	5
3	5	2	4	6	1	8	9	7
7	6	9	8	2	3	5	4	1
8	4	1	7	5	9	6	3	2

Solutions

Sudoku #65

7	1	9	8	6	4	5	2	3
3	6	8	7	5	2	4	1	9
4	5	2	3	9	1	7	8	6
9	2	6	1	7	5	8	3	4
8	4	7	2	3	9	6	5	1
5	3	1	4	8	6	2	9	7
2	9	5	6	1	7	3	4	8
1	7	3	5	4	8	9	6	2
6	8	4	9	2	3	1	7	5

Sudoku #66

6	7	3	2	1	9	5	4	8
1	9	5	8	6	4	3	7	2
8	2	4	3	5	7	9	1	6
4	6	2	7	9	5	1	8	3
7	1	8	4	3	6	2	9	5
3	5	9	1	2	8	4	6	7
5	8	1	9	7	2	6	3	4
9	4	6	5	8	3	7	2	1
2	3	7	6	4	1	8	5	9

Sudoku #67

3	9	5	4	8	1	6	7	2
6	8	1	5	2	7	4	3	9
7	4	2	3	6	9	1	5	8
4	3	6	2	7	8	9	1	5
9	1	8	6	3	5	2	4	7
2	5	7	1	9	4	8	6	3
5	6	9	8	1	3	7	2	4
8	2	4	7	5	6	3	9	1
1	7	3	9	4	2	5	8	6

Sudoku #68

3	1	9	7	4	6	8	2	5
5	4	2	3	8	1	7	9	6
6	8	7	9	2	5	4	1	3
8	5	3	2	6	4	9	7	1
9	2	6	8	1	7	5	3	4
4	7	1	5	3	9	2	6	8
1	6	5	4	7	2	3	8	9
2	9	8	6	5	3	1	4	7
7	3	4	1	9	8	6	5	2

Solutions

Sudoku #69

7	3	4	6	5	8	2	1	9
5	8	1	3	9	2	6	7	4
9	6	2	4	7	1	5	8	3
3	5	6	8	1	4	9	2	7
4	9	8	5	2	7	3	6	1
1	2	7	9	3	6	8	4	5
6	1	9	7	8	3	4	5	2
8	7	5	2	4	9	1	3	6
2	4	3	1	6	5	7	9	8

Sudoku #70

5	8	4	6	3	2	7	1	9
2	7	6	9	5	1	4	3	8
9	1	3	7	8	4	6	2	5
8	5	2	1	6	7	3	9	4
6	9	1	8	4	3	2	5	7
3	4	7	5	2	9	1	8	6
7	6	5	2	1	8	9	4	3
4	2	8	3	9	6	5	7	1
1	3	9	4	7	5	8	6	2

Sudoku #71

8	4	6	9	3	2	5	1	7
1	2	3	5	8	7	6	4	9
7	5	9	1	4	6	8	3	2
9	3	7	2	1	5	4	8	6
6	8	2	4	7	3	1	9	5
4	1	5	6	9	8	7	2	3
5	9	4	3	6	1	2	7	8
2	7	1	8	5	9	3	6	4
3	6	8	7	2	4	9	5	1

Sudoku #72

3	6	9	8	1	7	4	2	5
1	8	2	5	4	9	6	3	7
5	7	4	2	6	3	9	1	8
4	2	7	9	3	5	8	6	1
8	5	1	7	2	6	3	4	9
9	3	6	4	8	1	7	5	2
7	4	3	1	9	2	5	8	6
2	9	8	6	5	4	1	7	3
6	1	5	3	7	8	2	9	4

Solutions

Sudoku #73

2	7	4	9	3	1	6	5	8
9	1	6	8	2	5	7	4	3
3	5	8	6	7	4	2	1	9
4	2	9	7	8	3	5	6	1
7	3	1	5	9	6	4	8	2
6	8	5	4	1	2	9	3	7
5	9	2	1	6	8	3	7	4
1	6	3	2	4	7	8	9	5
8	4	7	3	5	9	1	2	6

Sudoku #74

5	6	4	3	8	7	2	1	9
8	7	2	9	6	1	3	4	5
3	1	9	2	4	5	8	6	7
7	4	3	6	5	8	9	2	1
1	9	8	4	3	2	7	5	6
2	5	6	7	1	9	4	8	3
6	8	7	5	9	4	1	3	2
4	2	5	1	7	3	6	9	8
9	3	1	8	2	6	5	7	4

Sudoku #75

1	4	7	6	9	5	8	3	2
3	5	6	1	2	8	9	7	4
8	2	9	4	7	3	5	1	6
5	6	1	3	4	9	7	2	8
4	8	2	5	1	7	3	6	9
7	9	3	8	6	2	4	5	1
2	3	4	7	8	6	1	9	5
6	1	5	9	3	4	2	8	7
9	7	8	2	5	1	6	4	3

Sudoku #76

6	2	7	4	3	5	8	1	9
1	3	5	2	9	8	4	6	7
4	8	9	1	7	6	5	2	3
2	9	6	8	4	7	1	3	5
3	7	4	9	5	1	2	8	6
8	5	1	6	2	3	7	9	4
9	4	3	7	1	2	6	5	8
5	6	2	3	8	4	9	7	1
7	1	8	5	6	9	3	4	2

Solutions

Sudoku #77

4	7	2	6	3	1	9	8	5
6	8	9	2	7	5	3	4	1
1	5	3	8	9	4	2	7	6
5	9	4	1	2	6	7	3	8
7	2	8	3	5	9	1	6	4
3	1	6	4	8	7	5	9	2
9	4	1	7	6	2	8	5	3
8	6	5	9	1	3	4	2	7
2	3	7	5	4	8	6	1	9

Sudoku #78

3	8	6	4	1	5	7	9	2
5	1	2	9	7	8	4	3	6
9	4	7	2	3	6	1	8	5
6	3	5	7	8	2	9	1	4
4	7	9	3	6	1	2	5	8
1	2	8	5	9	4	6	7	3
2	9	1	8	4	3	5	6	7
8	6	4	1	5	7	3	2	9
7	5	3	6	2	9	8	4	1

Sudoku #79

8	5	6	2	3	7	9	4	1
1	3	9	5	6	4	2	7	8
2	4	7	1	9	8	3	6	5
6	8	1	9	2	5	7	3	4
3	2	4	8	7	6	1	5	9
9	7	5	4	1	3	8	2	6
5	1	3	7	4	9	6	8	2
4	6	2	3	8	1	5	9	7
7	9	8	6	5	2	4	1	3

Sudoku #80

4	8	7	6	9	1	3	2	5
2	1	3	7	5	8	9	4	6
6	5	9	3	4	2	1	8	7
7	6	8	2	1	4	5	3	9
5	3	1	9	8	6	2	7	4
9	4	2	5	3	7	8	6	1
1	2	4	8	7	5	6	9	3
3	7	6	1	2	9	4	5	8
8	9	5	4	6	3	7	1	2

Solutions

Sudoku #81

2	7	3	4	1	9	6	5	8
4	5	6	8	7	2	1	9	3
9	1	8	6	3	5	2	7	4
5	6	1	3	4	8	7	2	9
3	2	9	1	5	7	4	8	6
7	8	4	2	9	6	5	3	1
8	4	2	7	6	3	9	1	5
1	3	5	9	2	4	8	6	7
6	9	7	5	8	1	3	4	2

Sudoku #82

1	5	8	6	2	4	3	7	9
7	4	6	5	9	3	8	1	2
9	2	3	1	8	7	4	6	5
3	9	4	7	6	5	2	8	1
8	7	2	3	1	9	5	4	6
5	6	1	8	4	2	7	9	3
4	1	7	2	3	6	9	5	8
6	3	5	9	7	8	1	2	4
2	8	9	4	5	1	6	3	7

Sudoku #83

1	8	7	4	5	6	3	9	2
2	6	4	8	3	9	5	7	1
9	5	3	1	2	7	6	4	8
6	4	5	2	1	3	7	8	9
8	3	2	7	9	5	1	6	4
7	1	9	6	8	4	2	5	3
5	2	6	9	4	1	8	3	7
4	7	8	3	6	2	9	1	5
3	9	1	5	7	8	4	2	6

Sudoku #84

4	3	5	9	2	8	7	1	6
9	7	8	1	3	6	4	5	2
1	6	2	7	5	4	8	9	3
6	4	7	3	8	9	5	2	1
5	1	3	2	6	7	9	8	4
8	2	9	5	4	1	3	6	7
2	9	4	8	1	3	6	7	5
3	8	1	6	7	5	2	4	9
7	5	6	4	9	2	1	3	8

Solutions

Sudoku #85

3	4	8	5	1	7	2	9	6
6	1	7	3	9	2	4	5	8
5	9	2	8	6	4	3	1	7
7	3	1	2	4	8	5	6	9
4	2	5	6	7	9	8	3	1
9	8	6	1	3	5	7	2	4
1	5	9	7	8	3	6	4	2
2	7	4	9	5	6	1	8	3
8	6	3	4	2	1	9	7	5

Sudoku #86

7	9	6	5	4	3	8	2	1
8	2	4	9	1	7	3	6	5
5	1	3	2	8	6	7	4	9
6	5	9	1	3	8	4	7	2
1	3	7	4	2	9	6	5	8
2	4	8	7	6	5	1	9	3
3	7	2	8	5	4	9	1	6
4	8	5	6	9	1	2	3	7
9	6	1	3	7	2	5	8	4

Sudoku #87

5	2	4	9	3	1	7	6	8
7	8	3	2	4	6	1	9	5
9	1	6	7	5	8	2	4	3
6	5	1	3	7	9	8	2	4
3	9	2	1	8	4	5	7	6
4	7	8	6	2	5	3	1	9
1	3	5	4	9	7	6	8	2
2	6	9	8	1	3	4	5	7
8	4	7	5	6	2	9	3	1

Sudoku #88

1	5	7	4	9	6	3	2	8
4	2	8	1	7	3	9	6	5
9	3	6	8	2	5	7	4	1
5	8	9	7	4	1	2	3	6
3	4	2	5	6	9	8	1	7
7	6	1	2	3	8	5	9	4
2	1	4	3	8	7	6	5	9
6	7	3	9	5	4	1	8	2
8	9	5	6	1	2	4	7	3

Solutions

Sudoku #89

1	5	6	3	2	8	9	4	7
7	8	9	6	4	5	2	3	1
3	2	4	7	9	1	6	8	5
6	3	7	8	5	2	1	9	4
2	9	8	4	1	7	5	6	3
4	1	5	9	6	3	8	7	2
9	7	2	5	8	4	3	1	6
5	6	3	1	7	9	4	2	8
8	4	1	2	3	6	7	5	9

Sudoku #90

6	1	3	5	2	7	8	9	4
8	9	4	1	3	6	5	7	2
5	2	7	8	9	4	3	1	6
3	4	6	9	5	2	7	8	1
2	8	9	7	6	1	4	3	5
1	7	5	4	8	3	6	2	9
4	5	2	3	7	9	1	6	8
7	6	1	2	4	8	9	5	3
9	3	8	6	1	5	2	4	7

Sudoku #91

1	5	4	8	3	6	7	2	9
3	6	8	2	7	9	1	5	4
2	7	9	4	5	1	3	8	6
9	2	6	5	1	7	8	4	3
7	3	5	9	8	4	2	6	1
8	4	1	3	6	2	9	7	5
5	9	7	1	4	8	6	3	2
6	1	3	7	2	5	4	9	8
4	8	2	6	9	3	5	1	7

Sudoku #92

2	9	6	7	4	5	8	3	1
5	1	3	9	2	8	4	7	6
7	4	8	6	3	1	5	2	9
8	2	1	4	9	6	3	5	7
4	7	9	2	5	3	6	1	8
6	3	5	1	8	7	9	4	2
1	8	7	3	6	4	2	9	5
3	6	2	5	1	9	7	8	4
9	5	4	8	7	2	1	6	3

Solutions

Sudoku #93

2	8	9	4	5	1	6	7	3
7	6	3	8	2	9	4	5	1
5	1	4	6	3	7	9	8	2
9	3	7	5	4	2	1	6	8
8	2	1	3	9	6	7	4	5
6	4	5	1	7	8	3	2	9
4	7	8	2	1	3	5	9	6
1	9	2	7	6	5	8	3	4
3	5	6	9	8	4	2	1	7

Sudoku #94

7	8	4	2	9	6	5	3	1
2	9	3	5	1	7	8	6	4
6	5	1	8	4	3	7	9	2
5	2	6	7	3	8	4	1	9
9	4	8	1	6	2	3	7	5
1	3	7	4	5	9	6	2	8
3	7	5	9	8	1	2	4	6
8	1	2	6	7	4	9	5	3
4	6	9	3	2	5	1	8	7

Sudoku #95

8	5	7	6	4	1	9	3	2
3	2	1	9	8	5	7	4	6
6	4	9	7	3	2	8	5	1
4	1	8	3	6	9	5	2	7
5	9	6	1	2	7	4	8	3
2	7	3	8	5	4	1	6	9
7	6	4	2	1	8	3	9	5
9	3	5	4	7	6	2	1	8
1	8	2	5	9	3	6	7	4

Sudoku #96

5	8	6	2	9	3	1	4	7
7	3	4	1	8	6	9	5	2
9	2	1	4	5	7	8	6	3
2	9	3	6	1	5	7	8	4
4	1	5	3	7	8	2	9	6
8	6	7	9	2	4	3	1	5
3	5	8	7	6	9	4	2	1
1	4	9	5	3	2	6	7	8
6	7	2	8	4	1	5	3	9

Solutions

Sudoku #97

3	9	4	2	5	8	1	7	6
8	6	5	7	4	1	9	3	2
7	2	1	9	6	3	8	5	4
1	7	2	8	3	6	4	9	5
6	5	3	4	7	9	2	8	1
4	8	9	5	1	2	3	6	7
2	1	6	3	8	5	7	4	9
5	4	8	1	9	7	6	2	3
9	3	7	6	2	4	5	1	8

Sudoku #98

2	1	7	3	9	4	8	5	6
4	9	6	8	5	1	3	7	2
8	5	3	6	2	7	9	4	1
3	7	9	2	8	6	4	1	5
1	8	2	5	4	3	6	9	7
5	6	4	7	1	9	2	8	3
9	4	5	1	3	2	7	6	8
7	2	8	9	6	5	1	3	4
6	3	1	4	7	8	5	2	9

Sudoku #99

3	1	2	8	9	5	4	7	6
8	6	7	2	4	1	9	3	5
5	4	9	7	6	3	2	1	8
6	9	4	1	5	8	7	2	3
2	8	5	3	7	9	1	6	4
7	3	1	6	2	4	8	5	9
4	7	8	5	3	2	6	9	1
9	2	3	4	1	6	5	8	7
1	5	6	9	8	7	3	4	2

Sudoku #100

9	4	8	7	2	1	5	6	3
2	5	7	3	9	6	8	4	1
1	6	3	5	4	8	7	9	2
6	7	2	9	5	3	4	1	8
8	9	4	1	7	2	6	3	5
3	1	5	8	6	4	9	2	7
5	2	9	6	1	7	3	8	4
7	8	1	4	3	9	2	5	6
4	3	6	2	8	5	1	7	9

Made in the USA
Monee, IL
09 October 2022

15551178R00077